女声合唱曲集

六つの子守歌

六つの子守歌

別役　実＝作詞
池辺晋一郎＝作曲

シェイクスピアの四つの恋唄

小田島雄志
／安西徹雄＝訳詞
池辺晋一郎＝作曲

カワイ出版

「六つの子守歌」は，カワイですでに出ている混声合唱曲集の女声版です。これらの曲ほど，作曲者が産み落した小さな曲が，一人だちしてあちこちへ出かけて行く実感を味わったものはありません。そもそもは，1975年，カワイ音楽教育研究会「あんさんぶる」誌の依頼で，半年間同誌に連載したソングでした。ところがそのあと，リサイタルで歌われたり，2部から4部まであらゆる形態の合唱編曲をしたり，「風の子守歌」と「空と海の子守歌」についてはNHK「みんなのうた」で放送されたり（各々岸部シロー，堺正章の歌），レコーディングされたり（倍賞千恵子，岸本大助＝キング＝，堀江美都子＝コロムビア＝），というわけで，嬉しいことですが，しかし書いた当初は予想だにしなかったことでした。劇作家別役実（べつやく）氏を知っているぼくにとって，それと違うようで同じな，同じようで違う顔の，詩人別役さんとの，極めて楽しい共同作業でした。

　なお，曲順は自由です。何曲か抜いて歌っても，もちろんかまいません。

　「シェイクスピアの四つの恋唄」は，ぼくが今までに書いたシェイクスピア劇の音楽のなかから，女声合唱にふさわしく，かつ，ひとつのチクルスとして様式統一ができるものを選んで編曲したものです。オリジナルの単旋律譜を，各曲の前に載せました。合唱への編曲にあたっては，歌詞，曲ともに，部分的に多少改変しています。

ハムレット：1976年文学座公演　木村光一 演出

恋するハムレットの変貌を悲しむあまり気が狂ってしまったオフィーリアが，そのいたましい死の直前に歌ういくつかの歌のうち2篇を編曲しました。太地喜和子さんが歌いました。ハムレットは江守徹さんでした。

オセロー：1977年松竹公演　増見利清 演出

部下イヤーゴーの奸計にはまり，ひたすら妻を疑うオセロー。その妻デズデモーナは悲しみに沈みつつ，もうすぐ夫に殺されることも知らずに，昔きいたこの歌を，侍女エミリアに歌ってきかせます。歌ったのは坂東玉三郎さん。オセロー尾上松緑さん，イヤーゴー尾上辰之助さん，エミリア木の実ナナさんでした。

まちがいつづき：1980年演劇集団円公演　安西徹雄 演出

シェイクスピア最初期の喜劇で，生き別れになってしまった一家（父・母，双子の兄弟，やはり双子の召使兄弟）をめぐって，まちがいだらけの事件があいつぎ，最後に一家はめでたく再会します。この芝居には実は歌はありませんが，安西徹雄さんが「ヴェニスの商人」の中の歌をベースに補作し，俳優たちだけで結成したバンドをバックに，休憩後のひととき，舞台で加藤美津子さんが歌いました。父イジーオンを仲谷昇さん，母エミーリアを文野朋子さん，双子の兄弟を寺泉哲章(現・憲)さんと諸角憲一さんが演じました。

　両曲集とも，ピアノ伴奏として書かれているのは，ひとつの例にすぎません。自由に弾いてみて下さい。そのためにコード・ネームも付けてあります。ギター伴奏にしたり，あるいはドラムなどを加えても，きっとおもしろいでしょう。いろいろ工夫してみて下さい。

　カワイ出版山澤重雄さんに，大変お世話になりました。この欄をお借りして，お礼を申し上げます。

1980年6月　池辺晋一郎

も く じ

六つの子守歌　　　　　　　（別役　実　詞）

風の子守歌	4
空と海の子守歌	8
いつもの子守歌	12
思い出の子守歌	22
おさかなの子守歌	29
眠っちゃいけない子守歌	34
歌詞	41

シェイクスピアの四つの恋唄

恋人のまことの心 ❀「ハムレット」より❀　（小田島雄志　訳）	44
あの人帰ってくるかしら ❀「ハムレット」より❀　（小田島雄志　訳）	49
柳のうた ❀「オセロー」より❀　（小田島雄志　訳）	52
恋のこころは ❀「まちがいつづき」より❀　（安西徹雄　訳・補作）	59
歌詞	64

出版情報＆ショッピング
カワイ出版ONLINE　http://editionkawai.jp
携帯サイトはこちら▶

風の子守歌

六つの子守歌 1

別役　実 詞
池辺晋一郎 曲

© Copyright 1976 by NIPPON HOSO SHUPPAN KYOKAI (Japan Broadcast Publishing Co., Ltd.) All Rights Reserved.

楽譜・音楽書等出版物を複写・複製することは法律により禁じられております。

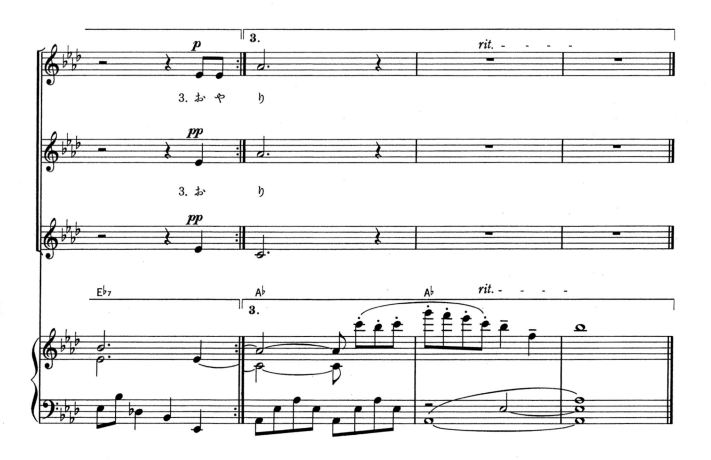

空と海の子守歌

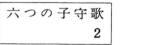

別役　実 詞
池辺晋一郎 曲

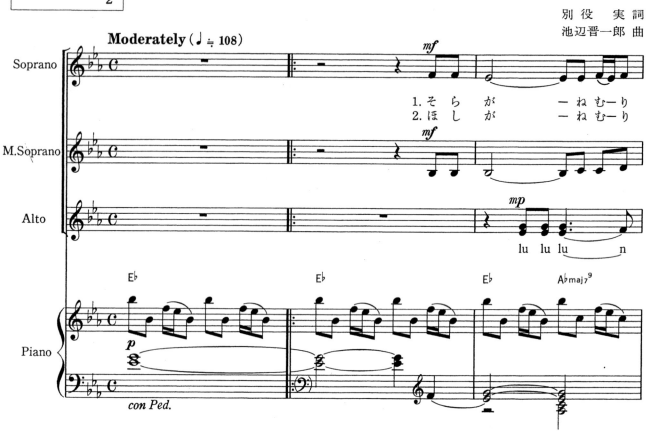

© Copyright 1977 by NIPPON HOSO SHUPPAN KYOKAI (Japan Broadcast Publishing Co., Ltd.) All Rights Reserved.

いつもの子守歌

六つの子守歌 3

別役 実 詞
池辺晋一郎 曲

18

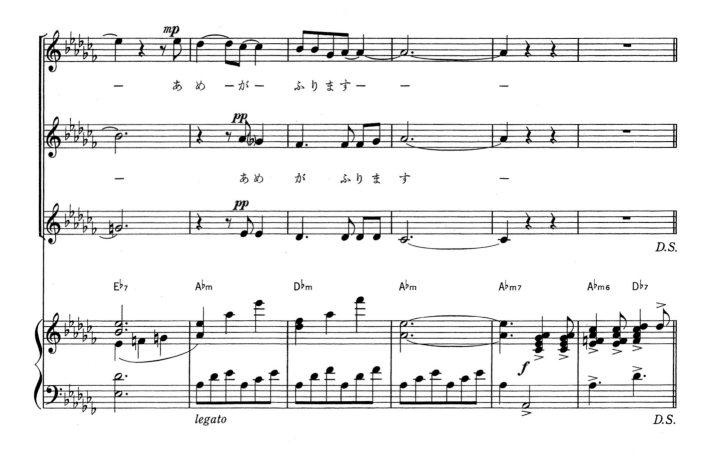

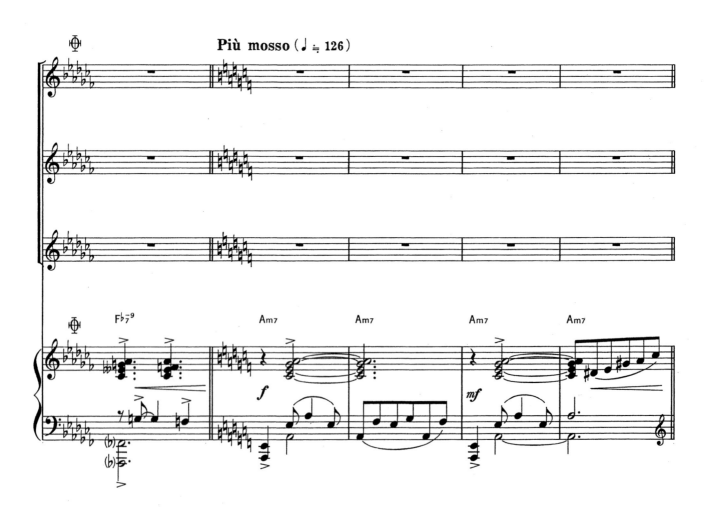

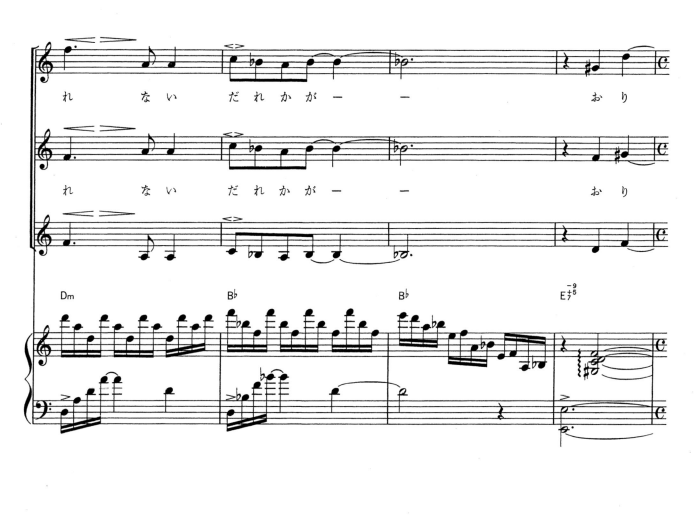
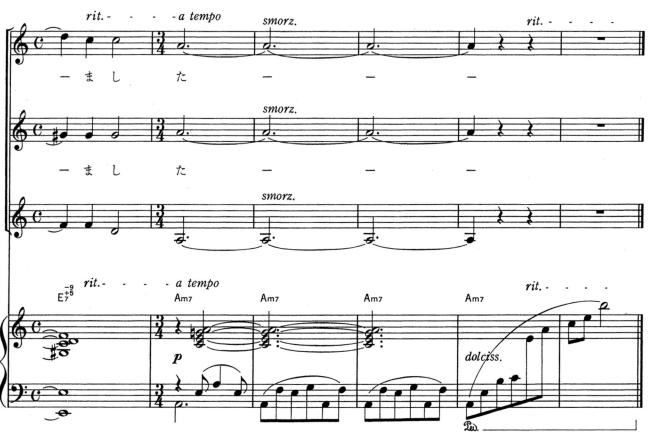

思い出の子守歌

六つの子守歌 4

別役　実 詞
池辺晋一郎 曲

24

28

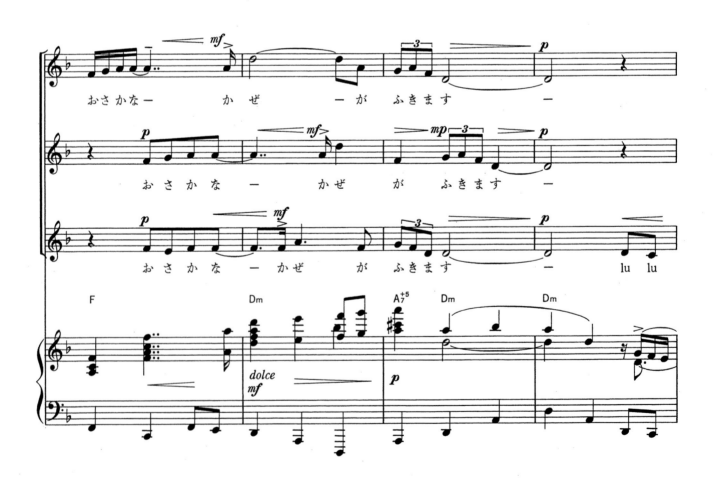

眠っちゃいけない子守歌

六つの子守歌 6

別役　実 詞
池辺晋一郎 曲

37

※ 口をすぼめ，前につき出すようにして，「hu」と発音する。

六つの子守歌

別役 実

風の子守歌

おやすみなさい
風は
いってしまった日を
かぞえながら吹くのです
あのひのしあわせと
このひのふしあわせと
いつかみた
あおいそら

おやすみなさい
風は
死んでしまった人を
かぞえながら吹くのです
あのひのしあわせと
このひのふしあわせと
いつかみた
しろいくも

おやすみなさい
風は
忘れてしまったことを
かぞえながら吹くのです
あのひのしあわせと
このひのふしあわせと
いつかみた
ひのひかり

空と海の子守歌

空が眠りました
海が眠りました
山が眠りました
森が眠りました
村が眠りました
街が眠りました

　　お父さんが眠りました
　　お母さんが眠りました
　　花子さんが眠りました
　　太郎さんが眠りました
　　そして
　　風が吹きました

星が眠りました
月が眠りました
鳥が眠りました
虫が眠りました
草が眠りました
石が眠りました

　　お父さんが眠りました
　　お母さんが眠りました
　　花子さんが眠りました
　　太郎さんが眠りました
　　そして
　　風が吹きました

いつもの子守歌

誰もいない空に
眠れない鳥が一羽おりました
誰もいない空に
風が吹きます

誰もいない海に
眠れない貝が一つおりました
誰もいない海に
波が寄せます

誰もいない山に
眠れない熊が一頭おりました
誰もいない山に
雨が降ります

誰もいない街に
眠れない子供が一人おりました
誰もいない街に
夜(よる)が更けます

いつもいつもいつも
誰もいないどこかに
眠れない誰かがおりました

いつもいつもいつも
誰もいないどこかに
眠れない誰かがおりました

思い出の子守歌

思い出の街に
思い出の雨が降って
思い出の電信柱と
思い出のポストがぬれる
おやすみなさい
思い出の思い出の
そのまたむこうまで……

思い出の街に
思い出の風が吹いて
思い出の足音と
思い出の匂いが消える
おやすみなさい
思い出の思い出の
そのまたむこうまで……

思い出の街に
思い出の時が流れて
思い出のおはなしと
思い出のうたが遠のく
おやすみなさい
思い出の思い出の
そのまたむこうまで……

おさかなの子守歌

おやすみなさいおさかな
　日が暮れました
おやすみなさいおさかな
　夜が来ました
おやすみなさいおさかな
　風が吹きます
おやすみなさいおさかな
　花が散ります
おやすみなさいおさかな
　時が流れて
おやすみなさいおさかな
　人が死にます
おやすみなさいおさかな
　鐘が鳴ります
おやすみなさいおさかな
　もう誰もいない

眠っちゃいけない子守歌

眠っちゃいけない坊や
目をつむっちゃいけない
どんなに夜が重くても
どんなに思い出が哀しくても
眠っちゃいけない坊や
おきてなきゃいけない

眠る子には星も見えないし
眠る子には月も見えない

眠っちゃいけない坊や
目をつむっちゃいけない
どんなに夜が暗くても
どんなにおはなしがこわくても
眠っちゃいけない坊や
おきてなきゃいけない

眠る子には夜も見えないし
眠る子には夢も見えない

女声合唱曲

シェイクスピアの四つの恋唄

Four Love Songs by W. Shakespeare

小田島雄志／安西徹雄＝訳詞
池辺晋一郎＝作曲

恋人のまことの心

"How should I your true love know?"

❈「ハムレット」より❈

小田島雄志 訳／池辺晋一郎 曲

シェイクスピア の四つの恋唄 1

こいびと の まこと の こころ
しるすべ は ほか に は あらじ
じゅんれい の たび ゆく すがた
つえ を て に あし に は わらじ

楽譜・音楽書等出版物を複写・複製することは法律により禁じられております。

※〜※間のSop.はdiv.されているが，上声のみが望ましい。ppの高音なので，オクターブに分れてうたっても良いように記してある。

あの人帰ってくるかしら
"And will he not come again?"

シェイクスピアの四つの恋唄2

❦「ハムレット」より❦

小田島雄志 訳／池辺晋一郎 曲

柳のうた
Willow Song „All of green willow"

❀「オセロー」より❀

シェイクスピアの四つの恋唄 3

小田島雄志 訳／池辺晋一郎 曲

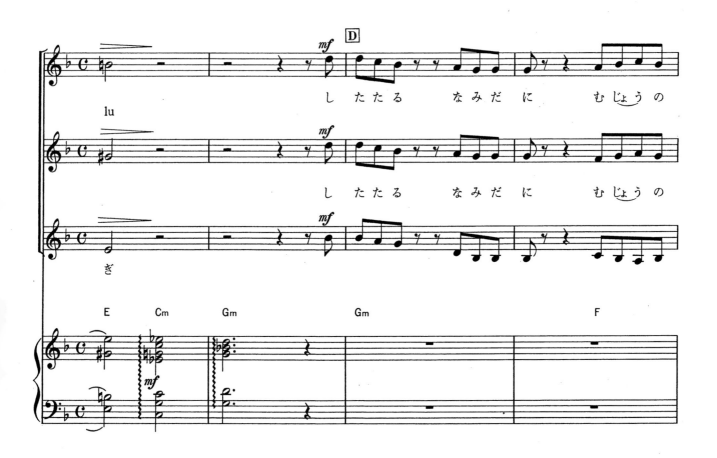

恋のこころは

„Tell me where is fancy bred?"

❃「まちがいつづき」より ❃

シェイクスピアの四つの恋唄 4

安西徹雄 訳・補作／池辺晋一郎 曲

シェイクスピアの四つの恋唄

恋人のまことの心
❦「ハムレット」より❦

小田島雄志　訳

恋人のまことの心
知るすべはほかにはあらじ
巡礼の旅行く姿
杖を手に足にはわらじ

あの人はあの世に去りぬ
あの人ははかなくなりぬ
頭には青草しげり
足もとに墓石立ちぬ

真白なる経帷子（きょうかたびら）を
飾る花色あざやかに
まことなる恋の涙の
伝う頬色あせにけり

あの人帰ってくるかしら
❦「ハムレット」より❦

小田島雄志　訳

あの人帰ってくるかしら？
あの人帰ってくるかしら？
いえ、いえ、死ぬまで待ったとて
死んでしまった人だもの
あの人はもう帰らない

お髭はまっ白雪のよう
頭は銀髪麻のよう
そのお姿も今はなく
泣く泣く祈るだけ※
あの世でどうかしあわせに

　　　　※原訳＝泣く泣く祈るほかはない

柳のうた
❦「オセロー」より❦

小田島雄志　訳

あわれあの娘（こ）はカエデのかげで
溜息ついて歌ってた
ああ、青い青い、柳
胸に手をあてかしげた首を
お膝にのせて歌ってた
ああ、柳、柳、柳
そばを流れる小川の声も
あの娘の嘆きを歌ってた
ああ、柳、柳、柳
したたる涙に無情の石も
あわれを感じて歌ってた
ああ、柳、柳、柳
ああ、青い、青い柳こそ
私の髪の花飾り
とがめてはいやあの人のこと
罪は私にあるものを

つれない人ととがめてみたら ⎫
つれない返事が返ってきた　 ⎪
ああ、柳、柳、柳　　　　　 ⎬ 省略
こっちが女と浮気をしたら　 ⎪
そっちも男と寝ればいい　　 ⎭

恋のこころは
❦「まちがいつづき」より❦

安西徹雄　訳・補作

恋のこころは　ねえ　教えてよ
恋のこころは　ねえ　どんなもの
　　　　ねえ　歌ってよ

浮気ごころは　目で生まれ
見惚れ見つめて　見飽きて死ぬの
浮気ごころは　目の迷い
こころの迷い　気の迷い

けれどまことの愛の火は
こころにともり　忍んで育つ
花の色香は　移っても
移らぬこころ　とこしえに

女声合唱曲集 六つの子守歌　別役 実・小田島雄志・安西徹雄 作詞／池辺晋一郎 作曲
べつやくみのる　お だ しまゆう し　あんざいてつ お　　　　　　いけ べ しんいちろう

●発行所＝カワイ出版（株式会社 全音楽譜出版社 カワイ出版部）
　　　　〒161-0034 東京都新宿区上落合 2-13-3　TEL 03-3227-6286 ／ FAX 03-3227-6296
　　　　出版情報 http://editionkawai.jp
●楽譜浄書＝佐久間楽譜　　●写 植＝創美写植　　●印刷・製本＝平河工業社

© 1980 by edition KAWAI, a division of Zen-On Music Co., Ltd.　日本音楽著作権協会（出）許諾 8300514-473 号
●楽譜・音楽書等出版物を複写・複製することは法律により禁じられております。落丁・乱丁本はお取り替え致します。
　本書のデザインや仕様は予告なく変更される場合がございます。
ISBN978-4-7609-1443-2

1980 年 8 月 1 日　第 1 刷発行
2024 年12月 1 日　第 73 刷発行

池辺晋一郎 合唱作品

〔混声合唱〕

混声合唱曲集
風の子守歌 〔六つの子守歌/三つの不思議な仕事〕
別役 実・池澤夏樹 詞　　（初〜中級）

混声合唱組曲
北の祭
萩原 貢 詩　　（中級）

混声合唱による童話
淋しいおさかな
別役 実 詞　　（中級）

混声合唱組曲
異聞・坊っちゃん
金子成人 詞　　（中〜上級）

混声合唱組曲
港の心
江間章子 詩　　（中級）

混声合唱組曲
明治は遠いたけくらべ
池澤夏樹 詩　　（中級）

混声合唱組曲
すみだがわ
大倉芳郎 詩　　（初〜中級）

混声合唱組曲
宛名のない手紙
辻井 喬 詩　　（中〜上級）

混声合唱組曲
希望へのエアメール
片岡 輝 詩　　（中〜上級）

混声合唱組曲
レクイエム　いのちこそ
土井大助 構成　　（中級）

混声合唱組曲
家族合わせ
風間和之 詩　　（初〜中級）

子どもと大人による合唱曲集
ボクたちのさがしもの
　　　　　　　　　（初〜中級）

混声合唱組曲
鳥について
安水稔和 詩　　（中級）

混声合唱組曲
花の祈り
星野富弘 詩　　（初〜中級）

混声合唱組曲
時の華
村田さち子 詩　　（中級）

混声合唱組曲
飯豊山〜我が心のアルカディア〜
村田さち子 詩　　（中級）

混声合唱組曲
YATSUGATAKE
村田さち子 詩　　（中級）

混声合唱組曲
水の旅
高塚かず子 詩　　（中級）

混声合唱曲集
ひたすらに…白秋（編曲）
北原白秋 詩　　（中級）

混声合唱曲集
ひたすらに…雨情（編曲）
野口雨情 詩　　（中級）

〔女声・児童合唱〕

女声合唱曲集
花の四季
江間章子 詩　　（中級）

女声合唱曲集
六つの子守歌 〔六つの子守歌/シェイクスピアによる四つの恋唄〕
別役 実 他 詞　　（初〜中級）

こどものための合唱組曲
どろんこのうた
野村学園児童 詩　　（中級）

女声合唱組曲
彼女の物語・HERSTORY
落合恵子 詩　　（中級）

女声合唱曲
森の人々と共に闘う
F. シュート 文／佐藤弥生 訳　　（中級）

少年少女のための合唱組曲
色いろのカンタータ
村田さち子 詩　　（初〜中級）

女声合唱曲集
新しいわたしへ
川崎 洋 詩　　（中級）

女声合唱のための
江戸の風
　　　　　　　　　（中級）

女声合唱組曲
たもとゆり幻想
武鹿悦子 詩　　（中級）

児童合唱組曲
夜明けのイソップ物語
村田さち子 詩　　（初〜中級）

女声合唱組曲
飯豊山〜我が心のアルカディア〜
村田さち子 詩　　（中級）

女声合唱組曲
千度呼べば
新川和江 詩　　（中級）

女声合唱曲集
三つの不思議な仕事
池澤夏樹 詞　　（初〜中級）

女声合唱組曲
いろはにほへとちりぬるを
谷川俊太郎 詩　　（中級）

女声合唱のための5つのポップス
少女のように（編曲）
　　　　　　　　　（中級）

女声合唱のための5つの日本抒情歌曲
潮騒のなかで（編曲）
　　　　　　　　　（中級）

〔男声合唱〕

男声合唱のための
GLORIA
典礼文　　（中級）

男声合唱組曲
飯豊山〜我が心のアルカディア〜
村田さち子 詩　　（中級）

男声合唱のためのエチュード
　　　　　　　　　（中〜上級）